THE FUTURE IS ALREADY HERE, IT'S JUST NOT EVENLY DISTRIBUTED.
—*William Gibson, 1999*

Filas de espera para o lançamento iPhone 3G em NY - 2008

PREFÁCIO

Legionários acampavam nas ruas à espera do iPhone 3G. O Falcon 1 de Musk entrava em órbita. Fidel renunciava. Obama se elegia.

A economia mundial acabara de pulverizar 15 trilhões de dólares. Era dezembro de 2008 e Beia reunia alguns amigos em São Paulo para se lançar ao futuro.

Nascia o think tank 5 years from now. Uma plataforma para compreender a chegada de uma nova era, entender e alavancar as novas gerações e derrubar os muros entre real e digital, velhos e jovens, empreendedores e empresários, emprego e trabalho.

Nesses últimos 10 anos, Beia Carvalho nos ensinou a pensar: 5 anos de cada vez.

Esta publicação é um passaporte para o futuro. Até 2023!

—Guido Giglio (Fã)

Ethereum Cryptocurrency Mining Rig

A TAL FUTURISTA

—Leonel Prata
Entrevista com Beia Carvalho

CINCO ANOS É PERTO O SUFICIENTE PARA IMAGINAR E LONGE O BASTANTE PARA SONHAR.

Há quase dez anos Beia Carvalho não escreve mais "publicitária" ao preencher uma ficha de cadastro em hotel —e deixa o pessoal da recepção cheio de dúvidas ao anotar sua profissão: "palestrante futurista". Aos funcionários desses locais que ficaram com vergonha de perguntar, fiquem sabendo que a moça de 64 anos, de cabelo arrepiado vermelho não lê mão, passa longe do tarô e não é a Rita Lee. Pode ser até que Beia tenha tido uma bola de cristal. Mas, se existiu, deve ter ficado para trás, junto com a loja de bugigangas antigas que teve no início da carreira, antes da vida nas agências de propaganda. Ela deixou um mercado que estava (está) ainda se perguntando para onde ir e especializou-se em estar o tempo inteiro com as antenas ligadas para o novo, ganhando a vida ao contar, nas empresas, o que vem por aí.

É o tal do futurismo!

—João Prata (Projeto Draft)

VOCÊ SEMPRE QUIS SER FUTURISTA? OU UM DIA ACORDOU E PENSOU "VOU SER FUTURISTA"?

Eu tinha uma coisa com o futuro. Não pensei, 'quero ser futurista'. Abri minha 3ª empresa que chamei de Five Years From Now (Daqui a Cinco Anos). Na época, há 10 anos, eu estava pensando muito mais em planejamento, queria ajudar as empresas a pensar no futuro. Com o tempo, você conhece um futurista, vai em eventos com futuristas, começa a perceber que atua nas mesmas áreas que eles. Não tem um modelo único de futurista. Uma coisa que temos em comum é a missão de inspirar pessoas e empresas a imaginar um mundo futuro de forma positiva, a pensar no presente a história do futuro.

POR QUE UMA FUTURISTA FALA DE GERAÇÕES?

Os temas vieram junto com a preocupação de mostrar para o empresário o que está por vir, o que já está acontecendo e o que sinaliza como forte tendência para o futuro. É o caso das Gerações, por exemplo, que é o meu primeiro tema de palestras. Esse conflito das novas gerações Y e Z com as antigas é assunto da maior importância para a produtividade das empresas. Mas quando olho para esses últimos 10 anos que faço palestras sobre o tema, muito pouco foi aprendido. A incompreensão e o desdém pelos jovens continuarão no futuro se não encararmos esse problema com a profundidade que o conflito merece.

AS NOVAS GERAÇÕES SOFREM MUITO PRECONCEITO?

Sim! Isto é uma coisa que me irrita profundamente. As novas gerações sofrem um espetacular preconceito: 'ah, é um bando de moleque mal-educado que não sabe o que quer, filhinhos de papai, dispersos'. Falo isso nas minhas palestras: será que Deus ia fazer uma geração inteirinha assim? É tragicômico alguém pensar que, de repente, vai nascer toda uma geração de impacientes, infiéis e insubordinados.

QUAL É O SEGREDO DESSA PALESTRA?

Quando notei que não era uma coisa pessoal, esporádica e, sim, geracional, fui pesquisar. Já caí numa fonte super legal que é a *Pew Research*, instituto norte-americano que já pesquisa as gerações há muito tempo. E entrei nesse caminho de ser uma voz brasileira nesse sentido. Do jeitão que eu falo, acho que sou só eu mesma. Muita gente que palestra sobre gerações fala mal das novas. Fala, fala, fala e no fim malha os jovens. Reafirma o preconceito. Qual é a solução para o conflito? Se essas massas de gerações dessem as mãos, ao invés de se conflitarem, teríamos uma produtividade absurda. As novas gerações não têm a maturidade das velhas e as velhas não têm as habilidades das novas. Quando o mercado acirra o conflito, é como se deliberadamente tivesse escolhido a pior opção.

COMO A PLATEIA REAGE À PALESTRA SOBRE AS 5 GERAÇÕES?

O mais bacana sempre é que todo mundo que está na plateia é de alguma geração e se relaciona com alguma outra: ou tem filho, ou tem pai e avô, ou tem um chefe mais velho ou mais novo, ou um *irmão pentelhinho* da Geração Z. O feedback que eu tenho dessa palestra é sempre assim: eu me vi, eu saquei meu chefe, entendi porque eu sofro penalidades, não sou eu que sou assim, é a minha geração que é assim. Todo mundo se reconhece, abre um pouco a cabeça. É meu momento de glória!

SEMPRE TEVE CONFLITOS ENTRE GERAÇÕES?

Sempre, porque uma nova geração vem para mudar o mundo. O que é diferente é que pela primeira vez a gente tem uma geração que é não-linear. Então, além do conflito normal da geração que está no poder (pátrio, econômico, etc.), surge uma geração que pela primeira vez no mundo ensina seus pais e chefes. Uma criança de 2 anos, daqui 30, vai estar convivendo com robôs, ter partes robóticas dentro de si, genética modificada. Ela não pode pensar igual a você. A gente deveria dar graças a Deus que está surgindo uma nova geração muito diferente da gente, é por isso que ela vai sobreviver nesta nova era.

QUAL SEU BACKGROUND PARA SER FUTURISTA?

O meu é exatamente isso, a variedade. Essa minha experiência com pessoas diferentes de vários países, de muitas viagens, de morar fora do país, de muitas profissões, é um *background* de variedades de vivência. Tem gente que tem um *background* de variedades de estudos acadêmicos, um cara é um filósofo, depois foi fazer História, Antropologia, sei lá. Não é o meu caso. Eu me formei em Publicidade e Propaganda. Ponto. Não fiz MBA, curso de extensão, não fiz nada. Academicamente, tenho formação universitária. Mas eu tenho essa variedade de vivências.

O QUE DE BOM VOCÊ COLHEU DESSA EXPERIÊNCIA?

Fiquei um ano viajando, cruzei por terra a América do Sul praticamente inteira, da Bolívia pra cima, América Central, Estados Unidos, Europa, África. Na pendura. Você tem que realmente rebolar, fazer das tripas coração, tirar água de pedra. Isso vai treinando seus próprios limites, porque é obrigado a fazer coisas que nunca tinha pensado. Eu vi como as pessoas de diferentes lugares solucionam problemas muito diferentes do que as do meu país solucionam. Quando eu trabalhava em agências, ouvia a ladainha: ah, isso não dá! Muitas pessoas em muitos lugares falam isso. Nunca tive essa coisa fatal do "não dá". Isso é uma experiência, um aprendizado que fica. Eu não sei como posso resolver, mas que dá, dá.

COMO VOCÊ PENSA O FUTURO?

Penso que para inovar você tem que futurar. A maior dificuldade de as pessoas inovarem é exatamente isso: não vai dar, agora não dá, sem dinheiro não dá, sem equipe não dá! Fecha qualquer possibilidade de inovação de um mundo que só pede inovação. Essas características são muito fortes quando se pensa o futuro. No futuro nada existe, só o que você inventar. Então, *tudo pode*. Às vezes, as pessoas não se dão essa possibilidade de dizer tudo pode mesmo que seja só no futuro, mesmo que seja só para sonhar. Por isso, sempre me vi diferente. Eu sonho acordada. Eu não penso, agora vou inovar. A mente tem que estar aberta para pensar, para ver e ouvir de várias formas.

AS PESSOAS PODEM PENSAR DIFERENTE?

A forma de pensar diferente pode estar do seu lado, mas se não estiver olhando, não vai ver. Quando você viaja, mesmo não querendo ver, aquilo se apresenta para você numa forma de um problema, uma língua que não compreende. Tem que estar atento, testar, se reinventar.

VOCÊ PENSA MUITO?

Eu fico pensando, mas não penso em coisas cabeludas. Penso, entre aspas, em coisas bestas. Não fico pensando na inteligência artificial, em blockchain, por exemplo. Fico pensando no que passa pela cabeça daquele cara que me fez uma pergunta inusitada. Preciso ir mais a fundo, compreender o que realmente o incomoda. Fico entretida pensando nas dúvidas das pessoas, juntando coisas que pesquisei e vivenciei para formar um pensamento.

COMO VOCÊ SE PREPARA PARA O DIA DA PALESTRA? FAZ ROTEIRO? ENSAIA NA FRENTE DO ESPELHO?

Faço um roteiro dos meus slides. Adoro criar slides e fico orgulhosa quando eles são elogiados. Não, não levo cola. Fico tranquila, nunca dá "branco" de assunto, mas dá de palavra. Uma vez eu queria dizer "coerência", e falei: isso aí é uma falta de ... não veio a palavra, que era uma ponte para um outro pensamento. E se não tem a ponte, você não atravessa, fica no branco, dá um desconforto danado. Se tem uma coisa que eu ganhei foi essa cancha, tipo: não tô lembrando a palavra que eu quero; esqueci de falar aquilo, mas agora eu tô falando. Não é isso que vai prejudicar a minha palestra.

FEZ CURSO DE ORATÓRIA?

Morro de vontade de fazer aulas de teatro. Acho que cada vez mais a minha palestra tem a ver com teatralidade do que com oralidade. Reparo isso quando assisto minhas conferências gravadas. Em geral, fico feliz, principalmente com as sacadas. E isso é o que quero melhorar.

O QUE VOCÊ FAZ PARA DAR CREDIBILIDADE ÀS SUAS PALESTRAS?

Minha credibilidade vem de um misto de poucos, bons, decisivos e fortes dados – pesquisa e informação numérica –, com um jeito de falar coisas sérias absolutamente à vontade, com uma linguagem fácil, bem-humorada, um papo de boteco. Eu não falo só porque li no livro. Misturo o dado científico, jornalístico, com o exemplo de vivência. E não só porque ouvi na rodinha. Uma coisa que estou desenvolvendo cada vez mais é o *timing* da minha fala. Isso traz envolvência. É impressionante! Não sei se é só credibilidade, empatia, mas faz com que as pessoas comentem "nossa, o que você falou me deu uma luz, eu estava tão perdido, quero marcar uma conversa pra você ir na minha empresa". Eu paro e penso objetivamente o que eu falei. Não é novo. E esse é o grande segredo. Tem gente que só fala de inteligência artificial. É óbvio que vai falar melhor do que eu. O cara lá do *Google* sabe tudo, tem 500 exemplos. Eu digo assim: você tá com medo de perder seu trabalho para a inteligência artificial? Sabe o que é inteligência artificial? Então, tá com medo de perder para um negócio que não tem nem curiosidade pra saber o que é? Vai lá ver o que é, de repente vocês podem até trabalhar juntos.

DE ONDE VEM ESSA INFORMALIDADE?

Não sei se tem a ver, meu pai e a minha mãe são professores. Sempre fui uma pessoa que ensinava o que sabia. Esse negócio do futuro é meio assim, tem muito a ver com isso.

Eu me lembro, em 1991, quando as pessoas começaram a chegar na agência que eu trabalhava e não sabiam usar o computador. Eu falava assim: o computador é um armário, um guarda-roupa. A hora que você abre a porta, vê as gavetas, coisas penduradas. Aí, você pensa assim: quero pegar uma calcinha, que tá na gaveta de calcinha. Agora, se dentro da gaveta da calcinha você puser meia, é difícil achar a meia, porque não tá na gaveta de meia. Você tem que colocar nome nas gavetas: calcinha, meia, lenço, camisa social. Tem que salvar as coisas no computador com um nome, senão não vai achar nunca mais.

Então, esse negócio de ensinar de uma maneira fácil, com exemplos cotidianos, é uma coisa que eu faço desde criança. Eu acho que a história do futuro, da inovação, das gerações, eu tô ensinando as pessoas sobre isso com exemplos muito fáceis (*insights*), que é a gaveta da calcinha. Sempre foi assim. Meu maior problema é formalidade. Nunca consegui escrever uma carta formal. Uma vez, cheguei na Nissan, dei dois beijos no diretor (que era japonês) e as pessoas quase morreram! Essa coisa da informalidade é nata.

FUTURISTA É BAGUNÇADO? E VOCÊ?

Sou organizada e bagunçada ao mesmo tempo. Sou organizada e vivo no caos até não aguentar mais, mas sei onde guardar tudo. Aí, vou e guardo. Não sou virginiana, sou meio CDF com tudo, mas consigo conviver no caos.

AONDE VOCÊ GOSTA DE FUTURAR?

Na verdade, o que se precisa para pensar o futuro é ter um espaço mental, virtual, presencial onde essas reflexões possam acontecer – o que é malefício e benefício para a humanidade hoje e no futuro. É refletir sobre isso. Existem coisas acontecendo hoje com desdobramentos que a gente prevê para muito breve. Mas quanto mais longe, mais incerta é essa visão.

A missão é clarificar, envolver as pessoas, é advertir sobre esse futuro que cada vez chega mais galopante, de modo a ter consciência de que alguns passos podem te levar à derrocada final. Se você incentiva *fake news*, é um caminho muito rápido para acabar com o mundo. E pessoas muito inteligentes e muito bem formadas e informadas te passam mensagens pelo WhatsApp, que se percebe claramente: é mentira! Não precisa ser futurista para enxergar isso, está ao seu alcance. Como lidar com essas mentiras? Se importando com o futuro.

O futurista quer que você se importe com o futuro para que o futuro tenha um futuro.

O QUE VOCÊ LÊ?

Leio pouco no papel. Leio na tela, navego. Vou pro Twitter. Trabalho em casa – a TV fica ligada no jornalismo, só pra saber o que está rolando. Tenho ouvido muito podcast de futuristas, enquanto lavo louças e arrumo a casa. E também quando saio para caminhar. É legal porque dura uns 50 minutos, o tempo da minha caminhada. A coisa boa é que começo ouvir e ter ideias; a ruim é que não tem como anotar. Quando a ideia é legal, e eu lembro, vou atrás dela pra fazer acontecer. E vejo TED, que acho que todo mundo vê. Mas quando pergunto para minhas plateias, nem 10% sabem o que é. Às vezes, invoco com uns caras, como esse Harari (Yuval Noah Harari, autor dos best-sellers Sapiens – *Uma breve história da humanidade e Homo Deus – Uma breve história do amanhã*). Assisti tudo dele, muita coisa em inglês (o livro, não terminei rs). Fico atenta.

QUEM TE INSPIRA NO BRASIL?

Tem pessoas que me inspiram, mas não são da área futurista. Gosto de ouvir o Nélio Bilate, que é um pensador que pensa as pessoas no trabalho, fala maravilhosamente bem. Gosto de ouvir gente que fala bem.

EXISTE RODINHA DE FUTURISTAS?

No passado, sim. Tem um movimento, um coletivo no mundo, que é o nome da cidade + Futurists: London Futurists, Bay Area Futurists. Mais ou menos em 2011, teve esse austríaco, Daniel Egger, que fez o São Paulo Futurists. Aí, a gente, meia dúzia de gatos pingados, começou a se encontrar. Esse cara promovia encontros mensais, de graça, em geral na Universidade Anhembi-Morumbi. Ele fazia exercícios com o pessoal, palestras, discussões, era muito legal. Aí voltou pra Áustria e trabalha na Swarovski. Nesses encontros iam muitos *nerds*, quanto mais você vai para o futuro, mais tecnologia. Muita gente jovem preocupada com um mundo melhor. Futuristas têm esse magnetismo, atraem quem também quer um mundo melhor.

COM QUE VOCÊ SE CONECTA E QUEM É O SEU GURU?

Eu me conectei com o London Futurists, uma dica maravilhosa do futurista Michell Zappa. Fui pra Londres participar de uma conferência chamada *Antecipando 2025*, isso foi em 2014, estávamos falando de 11 anos depois. Foi pra mim um outro patamar de conversa.

No ano seguinte, eles fizeram o *Antecipando 2040*. Fiz um *crowdfunding* pra viagem e fui bancada por amigos e clientes. Fui de novo e foi maravilhoso. Fui "star" da conferência por conta do crowdfunding.

Em Londres, tudo acaba em pub. Diferentemente dos brasileiros, eles vão pro pub pra discutir o que foi dito na conferência. E você enche a cara com aquele monte de feras e PhDs. No primeiro mundo, a academia tá junto com a indústria. No Brasil eles ainda estão divorciados, existe essa ruptura entre o estudo e o mercado. O cara tá fazendo pesquisa na USP, Nossa Senhora da Aparecida se pedirem pra ele visitar a IBM! Vai manchar a vida dele. Lá, não, o cara é PhD, *postdoc*, escreveu 3 livros e trabalha na IBM. Experiência de mercado! A empresa lucra, a universidade lucra, o país lucra em ter uma cabeça funcionando para os dois lados. O cara tá falando um negócio porque participou do desenvolvimento daquele produto, daquela inovação. É uma outra história.

FUTURISTAS TROCAM FIGURINHAS SOBRE TENDÊNCIAS?

Imagino que cada futurista tenha a sua tribo. Troco com os meus contatos pessoais, virtuais, plateias, clientes e nerds de toda sorte, que me trazem inquietações valiosas. Aí, vou "trocar", ler e ouvir com quem pesquisou sobre o que quero escrever e falar.

Os artigos me dão um conhecimento mais profundo sobre o novo. Começo com "vielas" que me levam a verdadeiras "vias expressas", estradas para tudo quanto é lado, com estudos, tendências, regras. Esses trajetos abreviam o caminho que seria a faculdade, a pós-graduação, ler cinco livros por semana – nada contra, mas não é o meu jeito. Eu vou mais na oralidade, de ligar, de ouvir. Junto tudo e tiro o que eu quero.

JÁ TE QUESTIONARAM SE FUTURISMO É ASTROLOGIA?

Eu falo sobre isso antes de as pessoas perguntarem. Uso sempre essa expressão: futurar não é ser Mãe Dinah, não sou adivinha. Temos que pensar nas tendências: "parece" que pode acontecer isso.

QUE SENTIMENTO VOCÊ DESPERTA NAS PLATEIAS?

Alívio. Tem gente que fala assim: eu não quero fazer uma pergunta, quero te agradecer, dizer que eu entendo exatamente o que você falou, porque aconteceu uma situação assim comigo na minha empresa, na minha família, eu me vi nessa posição que você falou. Os exemplos da plateia me enriquecem, coisas das vidas deles, eu jamais veria aqueles exemplos em livros. Isso dá mais credibilidade para aquela palestra e para as futuras também. E me torna uma palestrante mais crível e admirada.

VOCÊ É RECONHECIDA NO MERCADO?

Pelos feedbacks sinto que cada vez mais: minha diretora pediu pra ligar pra você ... ah, eu vi uma palestra sua ... eu te vi na internet e adorei ... Hoje eu venho adjetivada: 'ah, Beia Carvalho, ela muito legal, admiro essa mulher'.

PENSA EM ESCREVER UM LIVRO?

Sou cobrada disso quase todo dia pela família, amigos, clientes e mercado. Acho que quando você tem desculpa para não fazer uma coisa, é porque não é sua prioridade. Tipo, ah, não tenho tempo. Mas vejo que estou mais e mais perto dessa empreitada.

COMO VOCÊ TRABALHA COM AS REDES SOCIAIS?

As redes são minhas companheiras há muito tempo, desde 2006, quando ainda nem falavam português. O Facebook já foi meu maior canal de interatividade e de prospecção. Hoje estou mais no Linkedin - que antigamente tinha uma usabilidade insuportável. Gostaria de ter uma melhor presença no Twitter, por sua instantaneidade, por ser esse ambiente de jornalistas e intelectuais, uma força internacional muito forte. E adoro o Instagram, cada vez mais um exercício gostoso de se entender e entender os outros.

QUAL É O FUTURO DAS REDES SOCIAIS?

O líder da maior potência do mundo reina através do Twitter! Antes de qualquer coisa, tem que estudar o que cada uma é e oferece. Sem aquela coisa Poliana. Se você usa WhatsApp e demoniza o Facebook, é bom repensar, porque os dois pertencem ao mesmo dono. Uma coisa é certa, é mais fácil resolver problemas em rede que em estruturas hierárquicas, *top-down*.

Um exemplo: postei que estava desesperada "ficando careca". O número de dicas e experiências com tratamentos, remédios, loções e clínicas que consegui, sem fazer nenhum esforço ou gastar um só real, foi incrível. Muitas amigas ficaram surpresas com o rol de conhecimento em um único post. Essa "cartilha para evitar queda de cabelo" não está disponível em lugar algum, só nas redes sociais. Nem no Google! Quem sofreu e entende do assunto vai te dar o melhor caminho. Quem não sabe, não vai postar, mas vai aprender, vai ganhar também. A extensão, a rapidez e a experiência real deste conhecimento só é possível em rede. Por isso, temos que nos exercitar como aprender, ensinar, resolver problemas e viver em rede, para um mundo melhor.

COMO VOCÊ VENDE SUAS PALESTRAS?

A maior parte da minha vida trabalhei em publicidade, sempre planejando para meus clientes venderem. Apesar de não ter a verba deles, tento usar as melhores estratégias e táticas. Faço cobertura das minhas atividades nas redes sociais, documentada com fotos das palestras, das pessoas que conheci, dos lugares que estive. Levo credibilidade para o meu público, mostrando os temas e as marcas para quem palestro.

Quando você se transforma num produto, o que tem que fazer? Tem que se vender, ficar conhecido. O mercado tem que saber que aquele produto existe. Por isso, estou presente com minha newsletter, meu blog, meus posts nas redes e vídeos do meu canal Youtube. E o aprendizado interminável de investir em mídia digital e RP. Enfim, awareness, reputação, valor, reconhecimento e recomendação.

QUAIS ASSUNTOS O MERCADO MAIS PROCURA?

O que cresce no mercado hoje é a palestra-*entertainment* sobre os mais variados assuntos. Meu foco é ser a melhor e a mais interessante figura para minha plateia. Falo para acionistas, executivos e moleques no primeiro emprego. São adaptações sutis. Para executivos de multinacional, posso falar palavras em inglês. Para estudantes, mais palavrões. Mas a provocação é a mesma. E é forte.

QUAL É O DRIVE DAS SUAS PALESTRAS?

Aliviar a vida das pessoas. É mostrar o quanto elas podem ganhar se dedicarem pelo menos 1% do seu tempo para o futuro. As empresas passam 100% do tempo delas pensando no dia de hoje e nada dedicam ao futuro, onde tudo pode acontecer. Porque no futuro nada existe, só o que você inventar.

QUAL É O SEGREDO DE ESTAR CERCADA DE GENTE JOVEM?

Acho que tem a ver com ter uma esperança, uma coisa boa de olhar para o futuro. Tem muita gente que diz: ela está falando de coisas que ninguém está falando, quero conversar com ela; na escola eu não ouço isso; minha namorada não fala, meu pai não fala as coisas que eu quero ouvir. Muita gente que me conhece virtualmente, vem me ver pessoalmente, nas palestras e nas festas. Sou muito festeira. E essa é outra conexão com os mais jovens. Fiz amigos e clientes nas minhas baladinhas. Eles me dizem: não sei como consegue ter sempre tanta gente nova nas suas festas. Acho que é a abertura para o novo, minha cabeça não pensa "já conheço bastante gente, chega!". Quem pensa assim, se sente completo, tipo: não preciso aprender mais nada, conhecer mais gente, não preciso saber como se faz uma coisa diferente, eu já sei fazer. Eu não me sinto cheia. Minha mente está aberta para a inovação.

QUAL É A RECOMPENSA DEPOIS DE UM LONGO DIA?

Acho que é a possibilidade de alinhavar o que está acontecendo hoje com as tendências do futuro. É trazer exemplos para minha plateia que ressoem dentro de cada um. E acima de tudo, impulsionar uma "mudança de fase" neste jogo da vida.

Como futurista tenho que perceber os detalhes, as sutilezas, e não ficar só nos números, na notícia do futuro. Talvez eu saque o que ressoa no ser humano porque vivi um monte de situações, trabalhos. Vi e convivi com uma montão de gente diferente.

Então, quando falo de gerações, por exemplo não estou repetindo uma porção de dados. Trago um fato, por exemplo, em que todos se reconhecem: a Geração Z é filha de todas as gerações.

QUAL SERÁ A HABILIDADE MAIS VALIOSA NO FUTURO?

Existe uma habilidade atemporal que é fundamental sempre: a curiosidade. Todo mundo tem que ser curioso para aprender, pelo menos, uma nova tecnologia. São tantas! Não é possível que você não se identifique com pelo menos uma novidade tecnológica. Para isso, é preciso estar curioso e ir a fundo naquela que te impactar.

Não é tão complicado assim. Se mais gente dominar e souber fazer interconexões de tecnologias, resolveremos os grandes problemas do século 21, como o Alzheimer, desigualdades, fome. Para isso, temos que abandonar a hipocrisia e abraçar a integridade. Diz a Wikipedia: "o ser humano íntegro não se vende por situações momentâneas, é pessoa de honra, ética, educada, honesta, tem princípios morais fortes, retidão moral". Ser íntegro não tem nada a ver com o outro, com o governo. Ser íntegro é uma escolha pessoal: você decide ser moralmente consistente e ter padrões éticos. Ser íntegro é um job só seu.

Rastro do foguete da SpaceX no céu da California

AFINAL, O QUE É UM FUTURISTA?

—Beia Carvalho

Futuristas viajam para o futuro e quando voltam para o presente, querem direcionar os nossos passos na direção de um mundo abundante. E sinalizar as emboscadas da nossa inexorável jornada para o futuro.

Viajar é a melhor coisa do mundo, porque tudo que é maravilhoso fica ainda melhor quando viajamos: comer, beber, namorar, fazer nada, conhecer e aprender. Na comemoração dos meus 60 anos quis viajar para aprender. Aprender caminhando, comendo, bebendo, fazendo lhufas. Foi em 2014. Onde? Onde existe efervescência por aprender: Nova York e Londres.

Em Nova York, a parada obrigatória foi visitar a exposição do *Futurismo Italiano*, no museu Guggenheim.

Em Londres, o destino final, a *Conferência Antecipando 2025*, organizada pelos futuristas de Londres.

O Futurismo Italiano foi um movimento artístico altamente estético e politicamente radicalizado. Foi batizado de futurismo porque suas obras expressavam a velocidade e os desenvolvimentos tecnológicos do final do século XIX.

"Afirmamos que a magnificência do mundo ficou mais esplendorosa com uma nova beleza: a beleza da velocidade".
—*Filippo Tommaso Marinetti*

Ser um futurista na Itália, 90 anos atrás, era ser moderno, jovem e rebelde. Inspirado pelos marcos da modernidade – a cidade industrial, máquinas, velocidade, e voos – exaltavam o novo e o disruptivo. Almejavam revitalizar o que consideravam ser uma cultura estática e decadente e uma nação impotente que olhava para o passado em busca de sua identidade.

Uma das coisas que mais me marcaram desta extensa exposição foi a capacidade dos futuristas de imaginarem a atual vida urbana: megalópoles, vias expressas e arranha-céus conectados, numa época em que Santos Dumont estava testando seu 14-Bis percorrendo a "incrível" distância de 221 metros.

ALGUMA AFINIDADE COM O SÉCULO XXI?

Podemos substituir as máquinas do século passado pela robótica, a cidade industrial pelas novas cidades em Marte, os aviões por carros que voam. O que prevalecem e permanecem entre os Futuristas hoje são a determinação de olhar para o futuro, exaltar o novo e o disruptivo, e a velocidade das mudanças. E isso nos faz pensar que o futuro não é uma coisa de moda e que quando falamos de futurismo, podemos estar falando mais de Arte e do passado, que do futuro.

Comemorei meu aniversário em Nova York, num inesquecível jantar com todos os meus amigos americanos e muitos me emocionaram por terem vindo de distantes cidades como Seattle, Santa Fé e Minneapolis. No outro dia, deixei para trás o Futurismo, os amigos e voei para Londres, para o futuro, 11 anos para frente, na Conferência Antecipando 2025.

Ali, na efervescência londrina, convivi intensamente com pessoas que, desde então, vejo citadas como referência do futuro: David Levy (*Amor com Robôs*), Natasha Vita-More (*Transumanismo*), Aubrey de Grey (*Longevidade*) e o futurista Rohit Talwar (*Um futuro muito humano*). Essas são apenas algumas das personalidades futuristas daqueles dias londrinos. Rohit abriu os trabalhos e me apaixonei, imediatamente.

OS FUTURISTAS FUTURAM, IMAGINAM O MUNDO COM UM OLHAR OTIMISTA E CRÍTICO

Muitos futuristas acreditam que estamos naquele exato ponto da curva, em que olhando para os lados, não parece que muita coisa vai acontecer. Mas, de repente, não mais que de repente, a tecnologia vai dar uma mega blaster disparada e a nossa capacidade de se adaptar a seus avanços vai ficar empobrecida, e podemos ficar para trás. É o tal ponto de inflexão ou tipping point.

No dia a dia, já sentimos esse desconforto. Sabe aquela sensação de usar apenas alguns poucos recursos da tecnologia? Para que servem todas aquelas teclas do controle remoto? Muitos de nós ainda trabalham em empresas que estão confortavelmente sentadas, naquele ponto da linha do tempo, em que parece que nada de extraordinário vai acontecer.

Enquanto acreditarmos que nada muito diferente ou drástico vai rolar no futuro próximo, menor o nosso interesse nos papos dos futuristas. Mas essa deliciosa comodidade não deve durar muito mais que 5 anos.

O tipping point é aquele momento em que as mudanças lineares, aquelas que vinham acontecendo degrau por degrau, de forma vagarosa, são atropeladas pelas mudanças exponenciais do século XXI. E, a partir dessa pororoca, não haverá lugar para a velha mentalidade linear do século passado. Vamos ter que saltar para ficar no compasso do mundo. Há luz, comece a pular corda.

"O futuro da humanidade vai depender de nossa

habilidade em se adaptar e trabalhar com tecnologia - e a chave para alcançarmos esse objetivo é estudar a vida toda", diz o jornalista que ganhou de 3 vezes o Prêmio Pulitzer, Thomas Friedman. Como bom futurista, escreveu um guia otimista para sobreviver em um mundo cada vez mais veloz, em seu livro Obrigado pelo Atraso.

Hoje, enquanto tento explicar neste texto o que é um futurista, o que ele faz e se a sociedade realmente precisa de futuristas, me surpreendo ao constatar que estamos em 2018. E faltam apenas 7 anos para o futuro imaginado naquela conferência que antecipou o ano de 2025.

O QUE FOI IMAGINADO PARA 2025?

A capacidade de produzir energia solar para todas as necessidades humanas. A abundância material que a nanotecnologia e a biologia sintética nos trarão. Testemunharemos o início da transição do homem 1.0 para o pós-homem ou o transumano 2.0, muito mais inteligente e com níveis de consciência e conectividade mais altos e muito mais sofisticados. Seremos contemporâneos dos testes de reversão dos processos de envelhecimento que nos tornarão imortais. Vamos transpor o velho e exaurido sistema educacional - que coloca a criatividade como opcional - quando mais precisamos de imaginação.

Bloquearemos o acesso de terroristas a armas de destruição em massa? Convenceremos governos a aliviar as desigualdades sociais, raciais e de gêneros e os desastres ecológicos por conta do aquecimento global? Venceremos a corrupção para evitar novas crises financeiras que venham acometer o mundo?

Afirmações ou dúvidas? Como você se sente diante de todos esses assuntos? Encantada, apreensiva, estupefata, desentendida, entediada? Ou curiosa como os futuristas?

Aprendi muito com os futuristas que futuram, que veem o porvir com bons olhos. O principal é que temos que lutar para fazer as coisas acontecerem. E acontecerem bem. Que o desenvolvimento tecnológico pense, em primeiríssimo lugar, nos habitantes deste planeta. E não em apenas alguns poucos escolhidos e privilegiados, como sempre.

Fui aprender. Trouxe comigo um montão de dúvidas. Um mundo de horas estudadas e já mastigadas por esses futuristas. Dúvidas que se transformam em novos e interessantes insights sobre o futuro. Insights que me fortalecem no presente para catapultar para o futuro.

FUTURISTA É UMA PROFISSÃO? COMO ALGUÉM 'VIRA' FUTURISTA?

Fuçando na internet sobre futuristas ilustres encontrei uma lista de características sobre suas origens. Mas a palavra-chave é variedade. A maioria viveu em vários países, trabalhou em um montão de profissões, conviveu com gente de todo tipo, foi exposta a uma multiplicidade de vivências, e estudou e trabalhou com ocupações não-lineares.

Os futuristas desenvolvem sistemas de pensar sobre as tendências de futuro, as mudanças e a interconexão das novas tecnologias. Têm o domínio do pensamento sistêmico.

A maioria é autodidata na investigação do futuro. E trabalha duro para criar e manter sua credibilidade. Afinal, como consultores de negócios estratégicos, ou como palestrantes, os futuristas têm responsabilidade com seu público, em particular, e com a sociedade, em geral.

DE ONDE ELES VÊM E POR ONDE ANDAM?

As origens mais comuns são Engenharia, Ciência e Tecnologia, Marketing e Tendências, Sociologia, Psicologia, Antropologia, Meio Ambiente e Sustentabilidade.

Hoje, acompanhar o dia a dia dos futuristas é muito fácil. A maioria tem forte presença nas redes sociais com ensaios, artigos, vídeos e podcasts sobre suas teorias de futuros. E com um pouco de sorte saber quando o seu ídolo estará palestrando em sua cidade.

QUEM PRECISA DE FUTURISTA?

Quem precisa se inspirar para criar futuros. Quem se sente empacado na vida, nos negócios, no presente. Quem está aberto a enxergar oportunidades, a trilhar mais que uma estrada, a degustar sabores bizarros, a tatear texturas estranhas, a ser forasteiro. Quem está de peito aberto para ser imigrante nesta nova era.

"Vivemos numa era de ansiedade e o tempo do stress. Mas o que é mais importante é que a gente não aceite tudo simplesmente, que comecemos a tomar decisões críticas sobre que tipo de mundo nós queremos e que tipo de tecnologia nós queremos."

—Alvin Toffler, Future Shock, 1972.

SIM, OS FUTURISTAS TAMBÉM DÃO MUITAS DICAS

Alvin Toffler foi um escritor e futurista norte-americano. Ele nos desafiou a olhar profunda e claramente para o mundo de hoje para entender que as consequências do que nós fazemos hoje determina o que o amanhã será. Toffler morreu em 2016, conhecido pelos trabalhos sobre a revolução digital, a revolução das comunicações e a singularidade tecnológica.

David Levy é expert em Inteligência Artificial, autor de *Amor e Sexo com Robôs* e mais de 40 livros. Ele diz que antes de torcer o nariz para o assunto, deveríamos pensar em quem nunca fez sexo na vida, rs.

Elon Musk é empresário visionário por trás de Tesla, PayPal, SpaceX, Hyperloop, Open AI. Tem medo de robôs e acha que poderemos ser pets das máquinas inteligentes. Investe na democratização da inteligência artificial porque quer "aumentar a possibilidade de que no futuro, o mundo seja um bom mundo".

Marshall McLuhan foi um teórico da comunicação canadense, que cunhou frases famosas como essa "nossa Era de Ansiedade é, em grande parte, o resultado de tentarmos fazer o trabalho de hoje com as ferramentas de ontem".

Neil de Grasse Tyson, dramaturgo e astrofísico, prega que "Crianças deveriam ter permissão para quebrar as coisas com mais frequência. Isso é consequência da exploração. Exploração é o que você faz, quando não sabe o que está fazendo".

Peter Diamandis é médico, engenheiro, super empresário e futurista. A dica dele é que qualquer coisa grandiosa e ousada é difícil, impossível, é ficção científica, até que você a faça ser um fato científico.

Ray Kürzweil é o futurista que mais acertou previsões nos últimos 30 anos! Tem 21 doutorados honorários. Diz que a Inteligência Artificial não é artificial, é humana. Ela estende o nosso alcance mental para acessarmos todo o conhecimento humano. E quando cruzarmos aquele ponto de inflexão, quando nos fundirmos com a Inteligência Artificial, seremos muito mais inteligentes.

Rohit Talwar, da Fast Future Research, nos alerta que a incerteza é o novo normal, que a educação online e de graça vai mudar todo e qualquer jogo, e que se você não quiser jogar o jogo do momento, que invente outros.

Sonia Contera, incrível nanotecnóloga, revelou que apenas 2% dos nossos genes são formados pelo tão aclamado DNA. "O resto nós não sabemos!". Wow, e a gente se achando com o sequenciamento do DNA.

MAIS FUTURISTAS

Anders Sandberg, fundador do think tank *Eudoxa*.
David Wood, *Delta Wisdom*.
Faith Popcorn, *The Popcorn Report*.
Flavio Liberal, *WorldEd*.
Gerd Leonhard, *Tecnologia vs Humanidade*.
Guy McPherson, *Going Dark*.
Hazel Henderson, *Building A Win-Win World*.
Jacques Barcia, da *Futuring.Today*.
Joseph E. Aoun, *Robot-Proof – Higher Education in the Age of Artificial Intelligence*.
Klaus Schwab, *4ª Revolução Industrial*.

Lala Deheinzelin, *Desejável Mundo Novo.*
Marshall McLuhan, *O Meio é a Mensagem.*
Michell Zappa, Futurista e Designer de Informação.
Michio Kaku, *Futuro da Mente.*
Nikola Danaylov, *21 Visões para o Século 21.*
Peter Kronstrøm, do *Copenhagen Institute for Futures Studies Latin America.*
Ross Dawson, Palestrante e Futurista.
Tiago Mattos, *Vai lá e Faz.*
Tim Berners-Lee, criador da *World Wide Web.*
Tim O'Reilly, *WTF?.*
Rosa Alegria, CEO *Projeto Millennium – Brasil.* **Yuval Noah Harari,** *Homo Deus.*

5 YEARS FROM NOW
—Beia Carvalho

O QUE FALAR DOS PRÓXIMOS 5 ANOS?

Olhe para o futuro. E olhe com um sorriso largo, porque o futuro é o lugar das possibilidades. É o antídoto do deserto e da tirania.

Olhe para os múltiplos e plurais caminhos do futuro. Caminhe, ou melhor, deslize por eles mentalmente – é de graça, vá e volte. Visite o futuro quantas vezes quiser. Se algumas estradas incendiarem a sua mente, como os poderes divinos que teremos com as ferramentas de edição genética, outras farão o coração voar como num hyperloop.

Não tenha medo. Não se paralise porque um robô vai roubar seu emprego daqui a 5, 10 ou talvez 20 anos. Vá lá entender do que se tratam estes futuros. O que realmente faz esse robô? O que ele pode fazer por você? O que vocês podem fazer juntos? E principalmente, saiba tudo o que ele não faz. É exatamente aí que reside a força e a potencialidade do ser humano.

Com tantas novas e complexas tecnologias, com tantos novos jeitos de se fazer um carro andar sem combustível ou produzir um hambúrguer sem vaca, com tantas novas coisas pra aprender e gente nova pra conhecer, não dá pra você congelar. Afinal, o futuro é uma festa!

E você está com medo de perder o controle? Rss ... você nunca teve o contre, pura ilusão!

Fuce e experimente novos mindsets! Aproveite os acasos. Crie os novos acasos do futuro. Crie novos futuros com os acasos que você encontrou enquanto deslizava por aqueles lugares abundantes de probabilidades.

Depois, pense no dia de hoje. Ele é fruto de um futuro que você pensou, ou de um futuro que te atropelou?

—São Paulo, 1 dezembro 02018
10 anos do think tank **Five Years From Now®**

COLOPHON

5 Years From Now®
10 Anos

São Paulo
Dez 02018

Editoria **Beia Carvalho**
Entrevista por **Leonel Prata**
Revisão **Marcello Queiroz**
Design Gráfico **Guido Giglio**

Tiragem 500 exemplares
Impresso em papel pólen 80g/m2
Tipografia LL Circular e Nimbus

Todos os direitos reservados a todos os cidadãos do mundo. Todos os trechos desta obra podem e devem ser reproduzidos sem a expressa autorização da editora.

www.beiacarvalho.com.br